Isa bella Floyd, Mar

HOUGHTON MIFFLIN
Lectura

Sorpresas

Autores principales
Principal Authors
Dolores Beltrán
Gilbert G. García

Autores de consulta
Consulting Authors
J. David Cooper
John J. Pikulski
Sheila W. Valencia

Asesores
Consultants
Yanitzia Canetti
Claude N. Goldenberg
Concepción D. Guerra

HOUGHTON MIFFLIN
Lectura
Herencia y futuro

HOUGHTON MIFFLIN

BOSTON

Front cover photography (rainforest) by Tony Scarpetta.

Title page photography by Michelle Joyce

Front and back cover photography (frog) by Nic Bishop Photography.

Acknowledgments begin on page 237.

Printed in the U.S.A.

ISBN: 0-618-18017-6

3456789-VH-11 10 09 08 07 06 05 04

Hogar dulce hogar   12

La mudanza
por Robert Kalan
ilustraciones de Yossi Abolafia

relato
fantástico

Muestra de escritura

Biblioteca fonética:
Mascotas divertidas
No importa la edad
Lo podemos resolver

Biblioteca fonética:
Juntos en el parque
¿Qué te gusta, Isabel?
¡Lo sé hacer!

Superlibro

Arrullo de invierno
*por Barbara Seuling
ilustrado por Greg
Newbold*

¡Adelante! Libros de práctica

Un barco divertido
por Morgan Henry

¿Qué ves en un lago?
por Mindy Menschell

Rayas y los ratones
*por Nicolas
Thilo-McGovern*

Libros del tema

Mi casa
*por J.M. Parramón
e Irene Bordoy*

El sancocho del sábado
por Leyla Torres

Internet

Para más información sobre
buenos libros, visita Education Place.

www.eduplace.com/kids

Education Place®

Poesía

Contenido
Tema 6

Aventuras de animales 128

Muestra de escritura

8

Biblioteca fonética:
   ¡No para de llover!
   El osito Bribón
   De la pradera al jardín

Superlibro

Dos es bastante
  por Shirley Greenway

¡Adelante! Libros de práctica

Zorro y Mula
  por Lin Kwok

Un lobo de verdad
  por Nicolas Grant

Bruno celebra la primavera
  por Oscar Gake

Libros del tema

Una montaña para Pancho
  por Margarita Mainé ilustrado por Nora Hilb

Rana ranita
  por Hilda Perera ilustrado por Viví Escrivá

Internet

Para más información sobre
buenos libros, visita Education Place.

www.eduplace.com/kids

Education Place®

11

Hogar dulce hogar

En voz alta

Casa

Ventanas azules,
verdes escaleras,
muros amarillos
con enredaderas,
y, en el tejadillo,
palomas caseras.

por Clemencia Laborda

Desarrollar conceptos

En voz alta

La mudanza
por Robert Kalan
ilustraciones de Yossi Abolafia

La mudanza

Estándares

Lectura

- Combinar sonidos para leer palabras
- Leer palabras comunes
- Recontar ideas centrales

Ciencias

- Alimentos y hogares de los animales

Un hogar en un caracol

En el próximo cuento leerás sobre un cangrejo ermitaño que ha crecido demasiado para su caracol. ¿Encontrará el cangrejo un nuevo hogar?

Palabras importantes

adentro | buscar
ahora | caracol
este | hogar
puedo | vivir

Oraciones de práctica

1. Ya no puedo crecer en este caracol.

2. Tengo que buscar otro lugar.

3. No me siento seguro sin hogar.

4. Adentro de un caracol me siento bien.

5. Debo encontrar un hogar ahora.

6. ¿Me ayudas a buscar un hogar para vivir?

La mudanza

por Robert Kalan

ilustraciones de Yossi Abolafia

Estrategia clave

En voz alta Al leer el cuento, hazte preguntas sobre los tipos de caracoles que encuentra el cangrejo ermitaño.

Este caracol no me sirve.
De aquí tengo que salir.
Ahora voy a buscar
un nuevo lugar para vivir.

Este caracol es muy grande.

Éste es muy chico.

20

Muy grande, muy chico.

No me van a servir.

En estos caracoles no puedo vivir.

21

Este caracol es muy largo.

Éste es muy ancho.

Muy largo, muy ancho,
muy grande, muy chico.
No me van a servir.
En estos caracoles no puedo vivir.

Este caracol es muy pesado.

Éste es muy liviano.

Muy pesado, muy liviano,
muy largo, muy ancho,
muy grande, muy chico.
No me van a servir.
En estos caracoles no puedo vivir.

29

Este caracol es muy áspero.

Éste es muy liso.

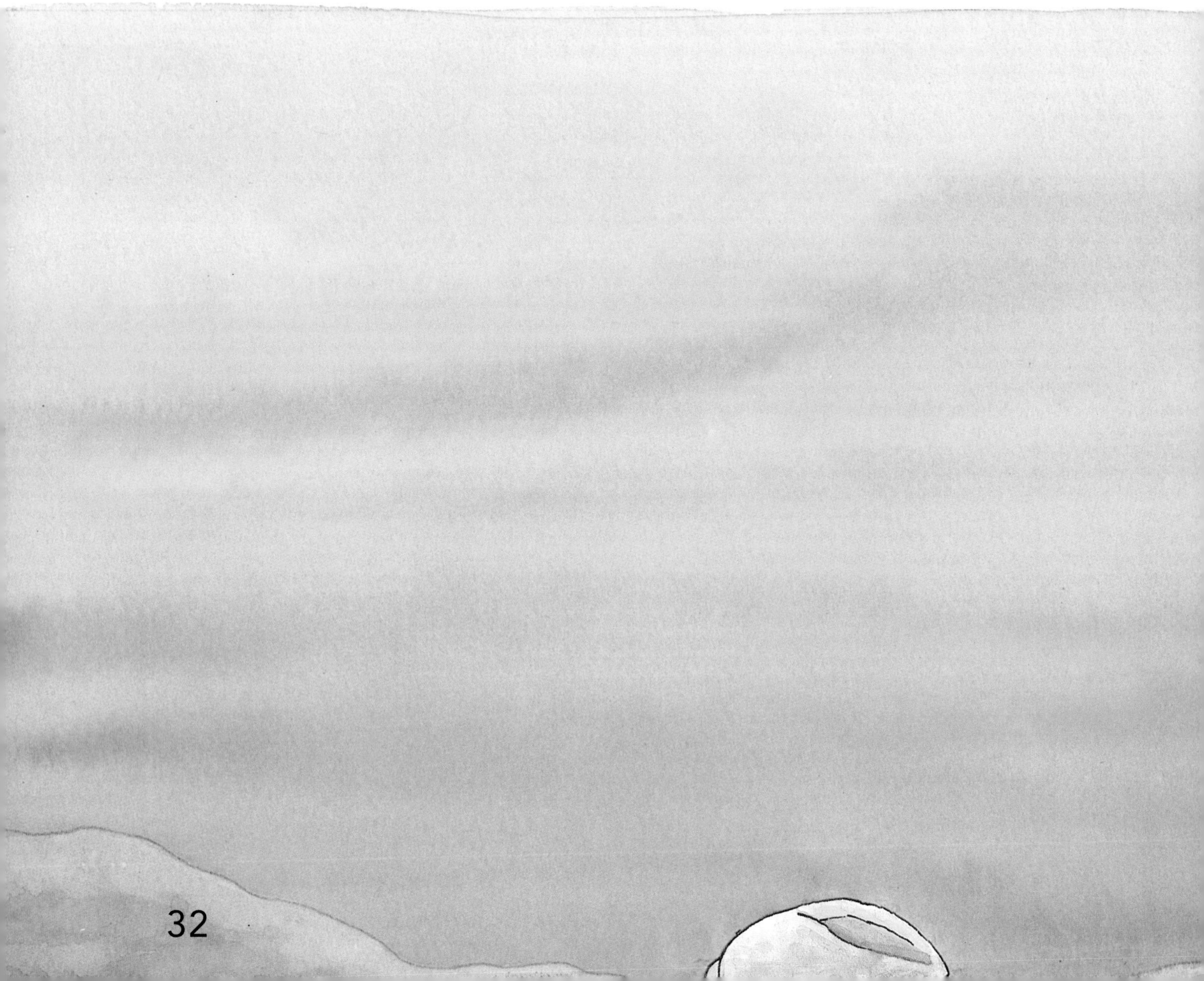

Muy áspero, muy liso,
muy pesado, muy liviano,
muy largo, muy ancho,
muy grande, muy chico.
No me van a servir.
En estos caracoles no puedo vivir.

Este caracol es muy lujoso.

Éste es muy sencillo.

Muy lujoso,

 muy sencillo,

muy áspero,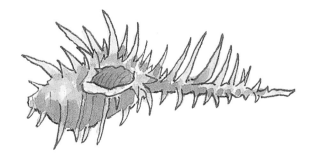

 muy liso,

muy pesado,

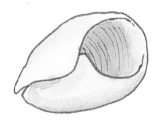 muy liviano,

muy largo,

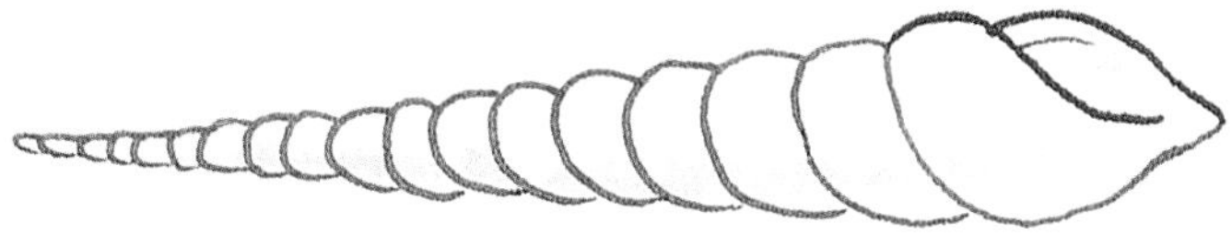

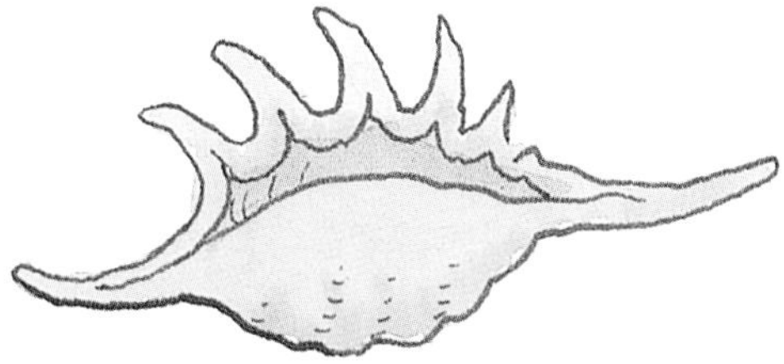

muy ancho,

muy grande,

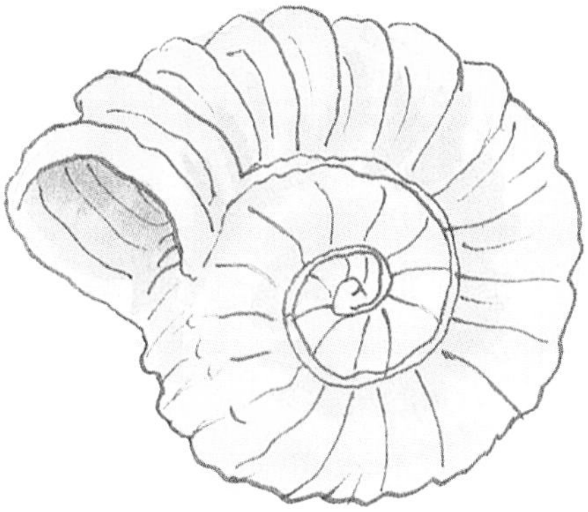

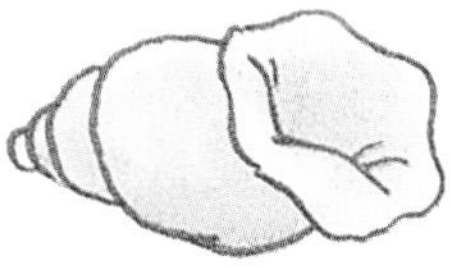

muy chico.

No me van a servir.
En estos caracoles
no puedo vivir.

Este caracol es muy...

¡Un momento!

¿Y este caracol?
¡No lo puedo creer!
Aquí adentro yo puedo caber.

En este caracol me puedo esconder.
En este caracol yo puedo crecer.

Un caracol nuevo dejaré de buscar.
Por fin encontré un bello hogar.

Conozcamos al autor y al ilustrador

Robert Kalan sabe mucho sobre la lectura. Antes fue maestro de kindergarten. Hoy en día, le gusta escribir cuentos sobre animales.

Yossi Abolafia hacía dibujos animados para la tele. Ahora dibuja tiras cómicas para los periódicos. Él trata de narrar cuentos con sus ilustraciones.

Internet

Para saber más acerca de Robert Kalan y Yossi Abolafia, visita Education Place.

www.eduplace.com/kids

Piensa en el cuento

La mudanza
por Robert Kalan
ilustraciones de Yossi Abolafia

1. ¿Por qué se demora tanto el cangrejo ermitaño en encontrar su nuevo hogar?

2. ¿Qué aprende el cangrejo de los caracoles?

3. ¿Cuándo tendrá que buscar el cangrejo un nuevo hogar?

Internet

Excursión en Internet

Aprende más acerca de los cangrejos y otros animales que viven en las orillas del mar. Visita Education Place.

www.eduplace.com/kids

Compara dibujos

Fíjate bien en el color, la forma y el tamaño de cada caracol en el cuento. Descríbele a un compañero cómo es cada caracol.

Informar

Responde a una pregunta

¿Qué aprendió el cangrejo ermitaño al final del cuento? Escribe una oración para responder a la pregunta.

Consejos

- Comienza la oración con una letra mayúscula.
- Termina la oración con un punto.

Destreza: Cómo leer un artículo de ciencias

- **Lee** el título.

- **Mira** las fotos.

- **Predice** qué aprenderás.

- Haz **preguntas.**

- **Vuelve a leer** lo que no esté claro.

En voz alta

Estándares

Lectura
- **Hacer predicciones**

Ciencias
- **Alimentos y hogares de los animales**

El cangrejo ermitaño

¿Cómo será cargar tu casa en la espalda? Un cangrejo ermitaño sabría la respuesta.

Muchos cangrejos tienen un caparazón duro. Pero el cangrejo ermitaño no tiene caparazón. Su espalda es suave.

El ermitaño tiene que buscar un caracol en el que no viva ningún animal. Después, se mete en el caracol y lo arrastra consigo.

Si se acerca un animal, el cangrejo se esconde adentro del caracol.

Este ermitaño es demasiado grande para su caracol. Debe mudarse a otro caracol. ¡Aquí hay un caracol grande! El cangrejo sale de su vieja casa y entra a la nueva.

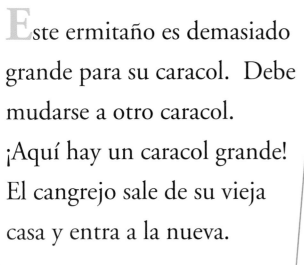

Si vas a la playa, busca un caracol que se mueva. ¿Hay un ermitaño dentro? ¡Qué cangrejo!

Narración personal

Una narración personal es un cuento verdadero de algo que le pasó al escritor. Usa este modelo de escritura como ejemplo cuando escribas tu propia narración personal.

> Un buen **comienzo** dice de qué trata la narración.

> Los **detalles** ayudan al lector a imaginarse lo que ocurrió.

La tortuga perdida

Se me perdió mi tortuga. Se llama Herman. Puse carteles por todo Jacksonville. Cada día esperaba junto al teléfono. Fue muy triste cuando desapareció.

50

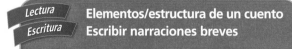

Lectura Elementos/estructura de un cuento
Escritura Escribir narraciones breves

Lloré y lloré. Pero, mientras
caminaba un día, vi a Herman.
Hicimos una fiesta.
Me alegró que estuviera
de vuelta.

Un buen **final** completa la narración.

Herman

Conozcamos a la autora

Hanna N.

Grado: primero

Estado: Florida

Pasatiempos: dibujar y leer

Qué quiere ser cuando sea mayor: maestra de servicios infantiles

¿En qué parte del mundo?

En el próximo cuento, leerás sobre una niña que encuentra su lugar en el mapa. ¡Fíjate en todos los mapas que dibuja!

Yo en el mapa
por Joan Sweeney
ilustrado por Annette Cable

Yo en el mapa

Estándares

Lectura

- Combinar sonidos para leer palabras
- Leer palabras comunes
- Aplicar conocimientos previos

Estudios sociales

- Hallar lugares en un mapa

Palabras importantes

algo	admiro
éste	estado
mundo	extender
parece	observo
tenemos	

Oraciones de práctica

1. Tenemos una casa en Pleasant Grove.
2. No aparece en el mapa del mundo, sino en éste.
3. Necesito algo para colgar mi mapa del mundo.
4. El estado de Kansas parece un rectángulo sin una esquina.
5. Observo y admiro el paisaje de Kansas.
6. Voy a extender el mapa sobre la mesa.

Los Estados Unidos

Conozcamos a la autora y a la ilustradora

A **Joan Sweeney** le gustaban las clases de arte cuando era pequeña. Luego, trabajó en un periódico. Éste es su primer libro.

Las ilustraciones de **Annette Cable** nos muestran el aspecto del mundo. Ella usa mapas para mostrar diferentes lugares. También usa sus ilustraciones para que los mapas sean divertidos.

Internet

Para saber más acerca de Joan Sweeney y Annette Cable, visita Education Place.

www.eduplace.com/kids

Yo en el mapa

por Joan Sweeney

ilustrado por Annette Cable

Estrategia clave

En voz alta Haz una pausa mientras lees y piensa en algunos de los lugares que has visto.

Ésta soy yo.

Ésta soy yo en mi cuarto.

Éste es un mapa de mi cuarto.

Ésta soy yo en el mapa de mi cuarto.

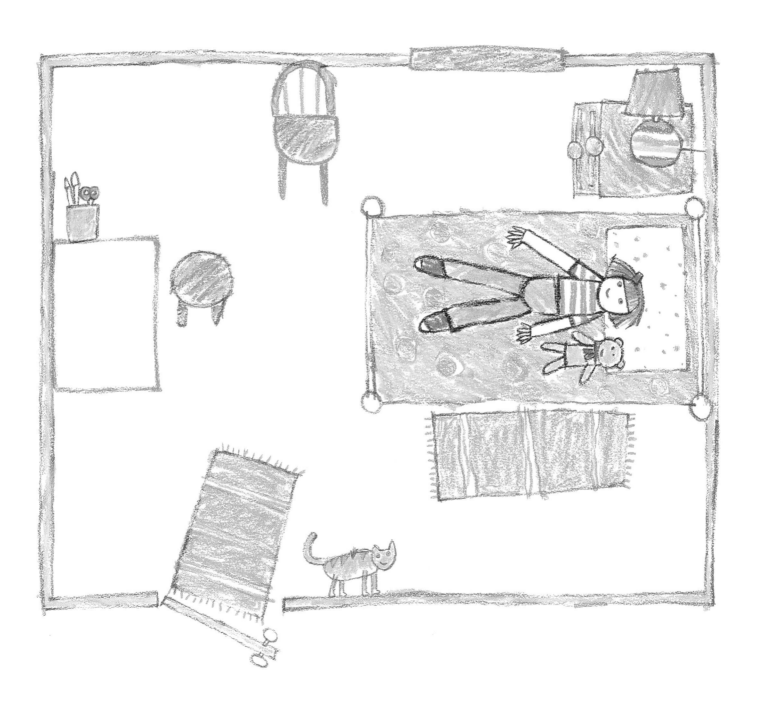

Ésta es mi casa.

Éste es un mapa de mi casa.

Éste es mi cuarto en el mapa de mi casa.

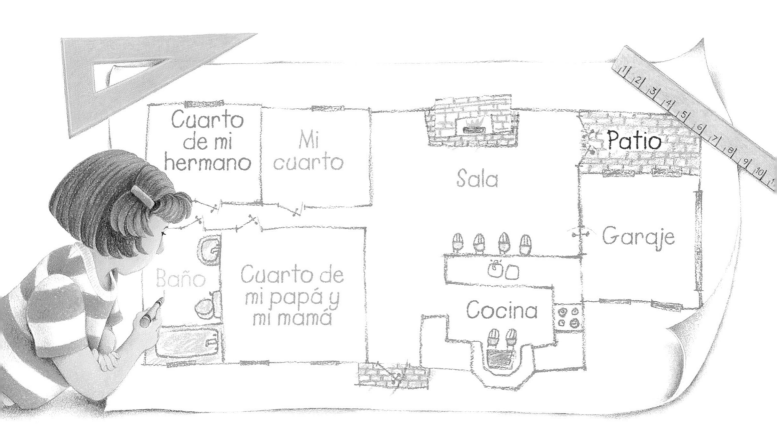

Ésta es mi calle.

Éste es un mapa de mi calle.

Ésta es mi casa en el mapa de mi calle.

Éste es mi pueblo.

Éste es un mapa de mi pueblo.

Ésta es mi casa en el mapa de mi pueblo.

Éste es mi estado.

Éste es un mapa de mi estado.

Éste es mi pueblo en el mapa de mi estado.

Éste es mi país.
Los Estados Unidos de América.

Éste es un mapa de mi país.

Éste es mi estado en el mapa de mi país.

LOS ESTADOS UNIDOS DE AMÉRICA

Éste es mi mundo. Admiro este mundo.
Se llama la Tierra. Parece una pelota gigante.

Si pudieras extender el mundo como un mantel...

...verías algo parecido a este mapa del mundo.

Éste es mi país en el mapa del mundo.

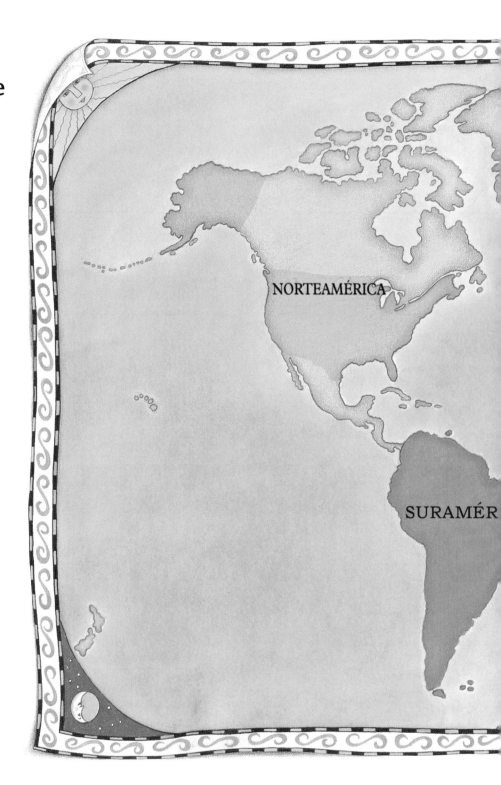

NORTEAMÉRICA

SURAMÉR

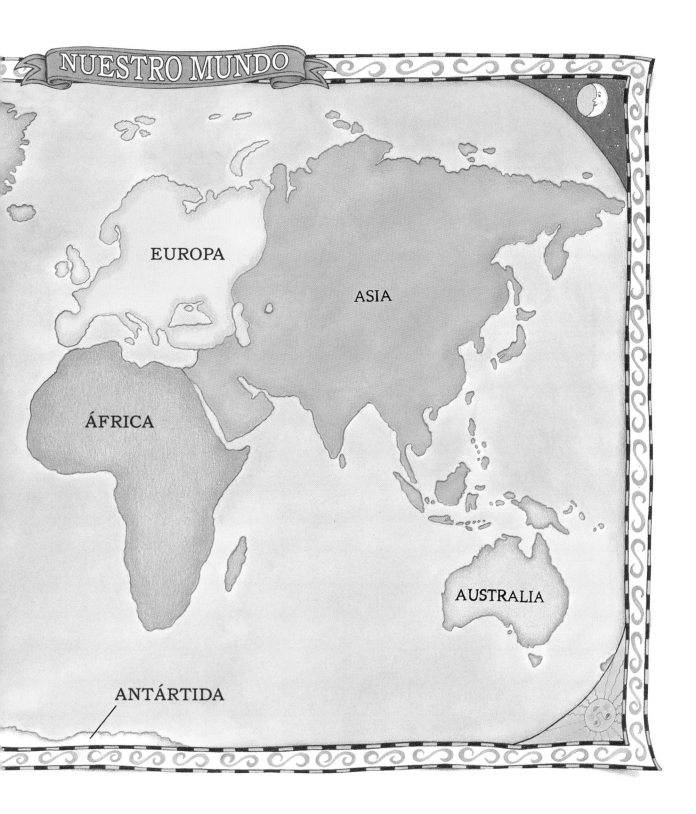

EUROPA

ASIA

ÁFRICA

AUSTRALIA

ANTÁRTIDA

Así es como encuentro mi lugar especial
en el mapa. Primero, observo el mapa
del mundo y busco mi país.

Entonces, observo el mapa de mi
país y busco mi estado.
Observo el mapa de mi estado
y busco mi pueblo.

LOS ESTADOS UNIDOS DE AMÉRICA

Entonces, observo el mapa de mi
pueblo y busco mi calle.

Y en mi calle encuentro mi casa.

Y en mi casa encuentro mi cuarto.

Cuarto de mi hermano

Mi cuarto

Baño

Cuarto de mi papá y mi mamá

sala

Cocina

Y en mi cuarto estoy yo.
Imagínate...

...en mapas de cuartos, de casas, de calles, de pueblos y de países de todo el mundo, todos tenemos nuestro propio lugar.

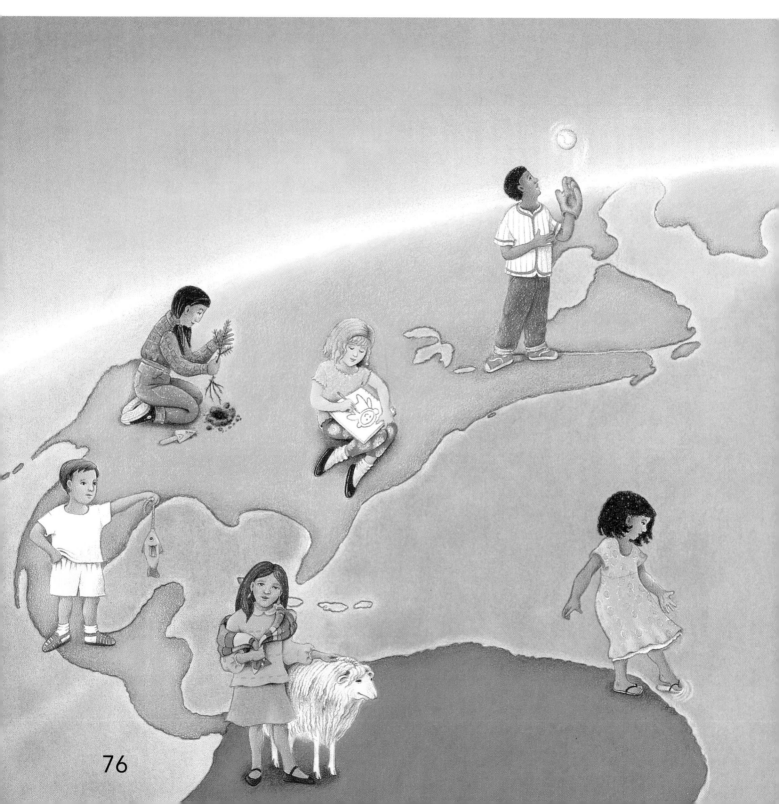

Como yo.

Como yo en el mapa.

Yo en el mapa

por Joan Sweeney
ilustrado por Annette Cable

Piensa en el cuento

1. ¿Cómo aprendió la niña acerca de su lugar en el mundo?

2. ¿Qué crees que siente la niña por su lugar especial en el mapa?

3. ¿Cuáles serían las diferencias entre tu mapa y el mapa de la niña?

Internet

Sopa de letras

Trata de encontrar algunas palabras del cuento en la sopa de letras. Imprime la sopa de letras de Education Place.

www.eduplace.com/kids

Haz un mapa

Dibuja un mapa de tu barrio.
Incluye calles, casas y otros edificios
que veas. Rotula cada lugar en
tu mapa.

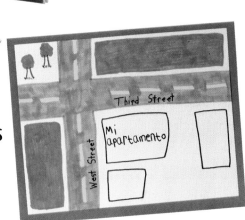

Escribe una tarjeta postal

Escríbele una postal a un amigo. Cuéntale a
tu amigo sobre tu lugar especial en el mapa.

Querido Miguel:
Mi lugar especial queda
en Los Ángeles.

Aníbal

Consejos

• **Comienza con un saludo.**
• **Escribe tu nombre al final.**

Los Ángeles
California

Estudios sociales — Hacer un mapa simple
Escritura — Escribir descripciones breves

81

- Este mapa muestra el mundo.

- Muestra la tierra y el agua.

- Los rótulos dan los nombres de continentes, países y estados.

En voz alta

Estándares

Lectura

- Aplicar conocimientos previos

Estudios sociales

- Elementos y el medio ambiente

82

Niños alrededor del mundo

Alaska, EE. UU.

NORTEAMÉRICA

Los Estados Unidos de América

Nuevo México, EE. UU.

EE. UU.

SURAMÉRICA

EE. UU.

Los niños de diferentes partes del mundo viven en distintos tipos de hogares. ¡Dale un vistazo a los lugares donde viven!

ASIA

EUROPA

CHINA

China

COSTA DE MARFIL
ÁFRICA

AUSTRALIA

Costa de Marfil

ANTÁRTIDA

Esta niña vive en Alaska.

Su casa es de madera.

Este niño vive en Nuevo México.

Su casa es de adobe.

Este niño vive en China.

Su casa tiene un techo de paja.

Esta niña vive en Costa de Marfil.

Vive en un apartamento de un edificio alto.

Desarrollar conceptos

El papalote

Estándares

Lectura

- Combinar sonidos para leer palabras
- Leer palabras comunes
- Usar contexto para comprender

Volar un papalote

A continuación leerás un cuento sobre una madre que hace un papalote para sus hijos. Cuando el papalote se pierde, los niños encuentran una sorpresa.

Palabras importantes

bueno	miren
dice	papalotes
dio	podemos
hacer	vencida
ninguna	volar

Oraciones de práctica

1. A la niña le gustan los papalotes.
2. Pero no sabe cómo hacer y volar papalotes.
3. —No dejaré de aprender, por ninguna razón —le dice a su papá.
4. —Podemos aprender con tus amigos —le dice él.
5. —¡Miren! ¡El papalote se sube! —grita la niña.
6. —¡Qué bueno! —dice su papá.
7. La niña no se dio por vencida y quiso aprender.

87

El papalote

Alma Flor Ada
Ilustraciones de Vivi Escrivá

Estrategia clave

En voz alta   Al leer, asegúrate de que entiendas lo que está pasando.

¡Qué bueno!
Mamá decidió hacernos un papalote como los
que le hacía a ella su papá cuando era chiquita.

¡Qué pena!
Mamá realmente no
sabe hacer papalotes.

¡Qué bueno!
Mamá ha decidido aprender.

¡Qué pena!
Es mucho más complicado
de lo que parece.

¡Qué bueno!
Mamá no se dio por vencida.
¡Qué bonito papalote!

¡Qué pena!
Llueve a cántaros y no podemos ir a
volar el papalote.

¡Qué bueno!
Hoy hace un día magnífico y, por fin,
podremos ir a volar nuestro papalote.

¡Qué pena!
El hilo se ha roto y el
papalote se ha perdido.

¡Qué bueno!
Mamá ha decidido que podemos
tratar de encontrarlo.

¡Qué pena!
¡No lo encontramos por
ninguna parte!

¡Qué bueno!
¡Miren lo que hay aquí!
¡Un gatito sin hogar!

¡Qué pena!
Mamá dice que no
podemos llevárnoslo a casa.

¡Qué bueno!
La convencimos...

Conozcamos a la autora

A **Alma Flor Ada** le enseñó a leer su abuela. A los nueve años supo que sería una escritora. Ahora Alma Flor Ada escribe libros en español y en inglés. Ella dice que mientras más lees, mejor escribes.

Conozcamos a la ilustradora

A **Viví Escrivá** le gusta dibujar a niños divirtiéndose. Cuando era niña, ganó el primer premio en un concurso de arte. Más tarde, Viví Escrivá trabajó para un programa de tele en España.

Para saber más acerca de Alma Flor Ada y Viví Escrivá, visita Education Place.

www.eduplace.com/kids

Piensa en el cuento

1. ¿Cómo aprende la mamá a hacer un papalote?

2. ¿Qué aprenden los niños de su mamá?

3. ¿Cómo te sentirías si perdieras tu papalote?

Internet

Encuesta en Internet

¿Cuál es tu juguete favorito? Visita Education Place y participa en una encuesta en Internet.

www.eduplace.com/kids

Lectura   Recontar ideas centrales

Diccionario ilustrado del clima

1. Piensa en los tipos de clima que hace en el cuento.
2. Dibuja y rotula cada tipo.
3. Agrega otros tipos de clima que conozcas.

Explicar

Escribe oraciones

¿Qué crees que le pasó al papalote del cuento? Escribe algunas oraciones que digan dónde podría estar el papalote.

Consejos

- Haz una lista de los lugares donde podría estar el papalote.
- Asegúrate de que cada oración tenga una palabra que nombra y una palabra de acción.

Destreza: Cómo leer instrucciones

- **Lee** la lista de materiales.

- Las **fotos** te dan información adicional.

- **Completa** los pasos en orden.

- **Vuelve a leer** las partes que no estén claras.

En voz alta

Estándares

Lectura
- Emparejar palabras orales/escritas

Escuchar/Hablar
- Escuchar con atención

Cómo hacer un papalote

Materiales:

- papel de seda

- cartulina (cinco pulgadas por seis pulgadas)

 tijeras

- dos varillas de cinco y seis pulgadas cada una

- hilo grueso

 seis pies de cinta

1 Dobla la cartulina por la mitad. Dibuja una silueta, recórtala y ábrela.

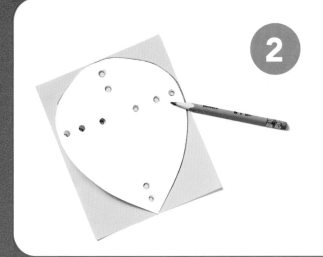

2 Traza la figura en el papel de seda y recórtala. Luego, abre diez agujeros en tu papalote.

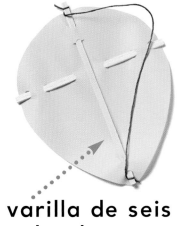

varilla de seis pulgadas

3 Pasa las varillas por los agujeros. Corta un trozo de hilo grueso de diez pulgadas y átalo a la varilla de seis pulgadas.

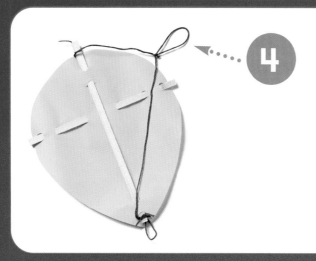

4 Haz un lazo de hilo y átalo al primer hilo.

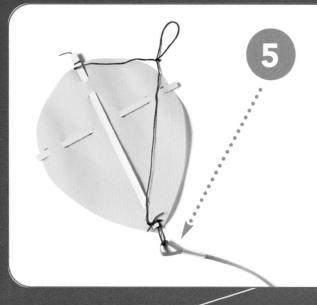

5 Haz otro lazo y átalo a la parte de abajo del papalote. Ata la cinta a este lazo. ¡Tu papalote está listo para volar!

✓ Fonética

En algunas pruebas, tu maestro dirá una palabra en voz alta. Tú tendrás que encontrar una palabra que comience con la misma sílaba.

Consejos

- Halla el número.

- Escucha al maestro decir la palabra.

- Lee todas las palabras.

- Rellena el círculo completo.

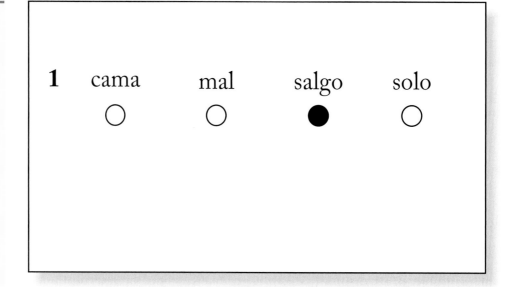

1 cama   mal   salgo   solo
       ○   ○   ●   ○

Escuchar/hablar   **Escuchar con atención**
                  Dar y seguir instrucciones

Poesía

¿Qué es la poesía?

- Es una forma de escritura que describe las cosas de una manera interesante.

- Algunos poemas tienen palabras que riman y otros no.

- Algunos poemas tienen más de una parte. Estas partes se llaman estrofas.

Contenido

Mi loro verde y azul

En el verde, verde
mi loro hablador
sin ir a la escuela
sabe la lección.

En el verde, verde
y en el verde, azul,
mi loro me dice:
a e i o u

por Óscar Jara Azócar

a
e
i
o
u

El caracol

Aquel caracol
que va por el sol,
en cada ramita
besaba una flor.

Que viva la vida,
que viva el amor,
que viva la gracia
de aquel caracol.

poema tradicional

Sol matutino

calentando
mi cama
en la mañana

el Sol
me llama
por la ventana

"despierta
levántate
ven afuera"

por Francisco X. Alarcón

Morning Sun

warming up
my bed
in the morning

the Sun
calls me
through the window

"wake up
get up
come on out"

by Francisco X. Alarcón

119

Historia de una hoja

Es la historia
de una hoja
que cuando llueve
se moja.

Llueve
y se moja.
Llueve
y se moja.
Llueve
y se moja.

¡Como se moje otra vez,
se va a convertir en pez!

por Antonio Rubio

Los pollitos dicen

Los pollitos dicen:
"pío, pío, pío",
cuando tienen hambre,
cuando tienen frío.

La gallina busca
el maíz y el trigo,
les da la comida
y les presta abrigo.

Bajo sus dos alas,
acurrucaditos,
hasta el otro día
duermen los pollitos.

canción tradicional

Los sapitos

La ranita soy yo
glo, glo, glo.
El sapito eres tú
glu, glu, glu.
Cantemos así
gli, gli, gli.
Que la lluvia se fue
gle, gle, gle.
Y la ronda se va
gla, gla, gla.

poema tradicional

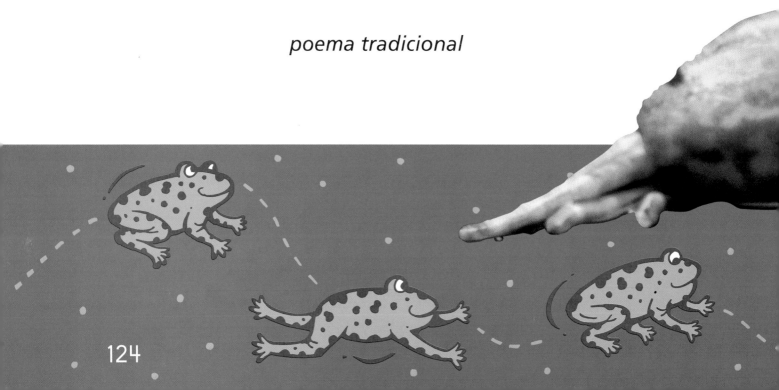

En voz alta

Crear

Escribe un poema

Puedes escribir tu propio poema siguiendo estos pasos:

1. Escoge un tema sobre el que quieras escribir.

2. Decide si tu poema tendrá palabras que rimen.

3. Piensa en formas interesantes de describir tu tema.

Una vez que hayas terminado, comparte tu poema con tus compañeros. Reúne todos los poemas y haz un libro de poesía de la clase.

Escritura **Seleccionar un enfoque**
Usar palabras descriptivas

Más antologías de poemas

Tito, Tito: Rimas, adivinanzas y juegos infantiles

por Isabel Schon (Everest)

La autora incluye varias rimas divertidas que puedes compartir con tus compañeros.

Poesías para la infancia

por Alicia María Uzcanga Lavalle (Edamex)

Este libro contiene poemas acerca de muchos temas, como la familia, los animales y el mundo que nos rodea.

Mis primeras poesías

por Violeta Diéguez (Andrés Bello)

La primera parte de este libro trata del mundo de los animales. La segunda parte incluye dichos y adivinanzas.

Aventuras de animales

En voz alta

Mi chacra

La vaquita hace así: muu, muu.

El perrito hace así: guau, guau.

El caballo hace así: iii, iii.

El gatito hace así: miau, miau.

Vengan, amiguitos,

vengan, amiguitos.

O vengan, vengan, vengan.

de la canción tradicional

Desarrollar conceptos

En voz alta

La marrana dormida

escrito por Carmen Tafolla y Jan Epton Seale
ilustrado por Rosario Valderrama

La marrana dormida

Estándares

Lectura

- Combinar sonidos para leer palabras
- Leer palabras comunes
- Elementos y estructura de un cuento

Cómo despertar a una marrana

En el cuento que sigue, leerás acerca de una marrana que no se quiere mover de una huerta de sandías. Un pequeño héroe finalmente logra que la marrana se vaya a su casa.

Palabras importantes

muy	dormida
aunque	dormir
soy	despertó
vio	despertar
	tardes

Oraciones de práctica

1. Celina vio a doña Marrana muy dormida.
2. Aunque Celina trató de despertar a la marrana, ella no se despertó.
3. —¡Buenas tardes! —dijo la niña.
4. —Soy Celina. Aquí no se puede dormir.
5. Pero doña Marrana no se despertó.
6. ¿Se quedará dormida la marrana?

¡Buenos días!

Conozcamos a las autoras

Carmen Tafolla

Jan Epton Seale

Carmen Tafolla y Jan Epton Seale escriben cuentos en inglés y en español. Ambas viven en el estado de Texas. Jan Epton Seale vive cerca de México. Carmen Tafolla tiene una hija llamada Mari.

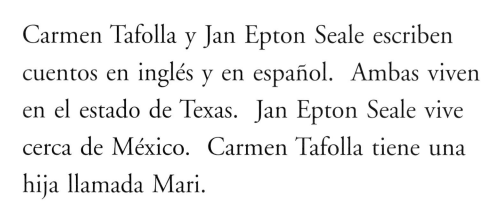

Para saber más acerca de Carmen Tafolla y Jan Epton Seale, visita Education Place.

www.eduplace.com/kids

La marrana dormida

escrito por Carmen Tafolla y Jan Epton Seale

ilustrado por Rosario Valderrama

Estrategia clave

En voz alta   Al leer, haz una pausa y piensa en lo que hace cada animal para despertar a doña Marrana.

133

Un día Celina vio a doña Marrana muy
bien dormida en su huerta de sandías.

Celina le dijo: —Doña Marrana, ¡salga de aquí! En este lugar no se puede dormir.

Pero doña Marrana no se despertó.

Pasó un coyote y le dijo a Celina:

—Esta marrana no debe estar dormida.

Entonces el coyote comenzó a aullar.

Pero el amigo coyote no la pudo despertar.

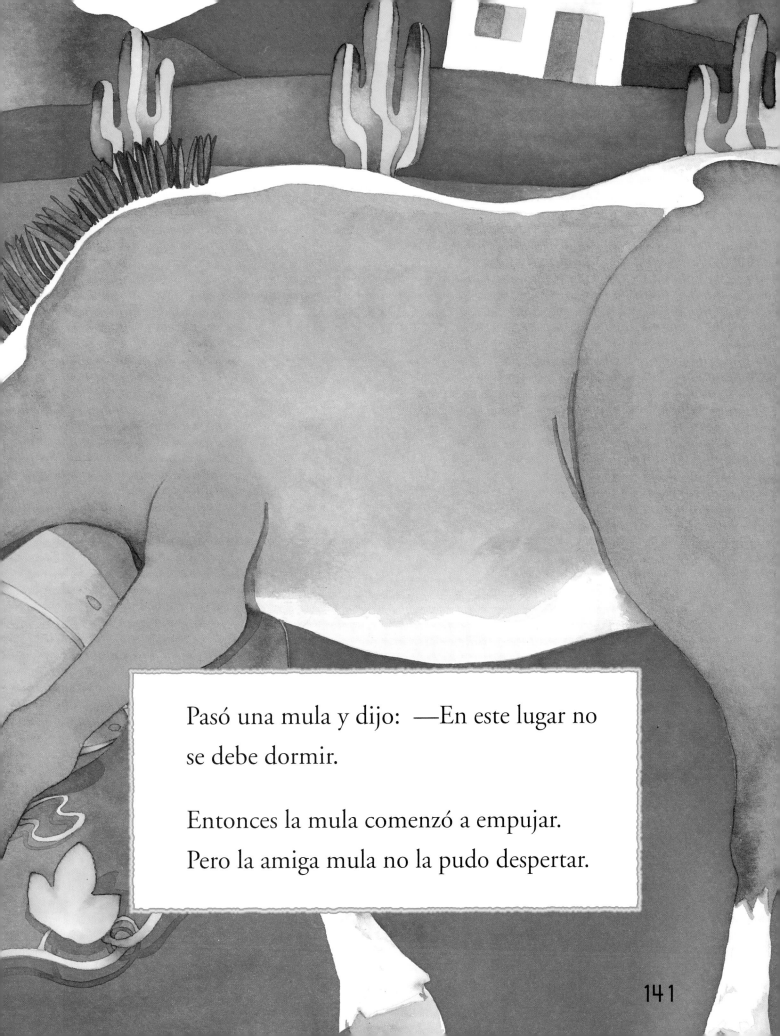

Pasó una mula y dijo: —En este lugar no se debe dormir.

Entonces la mula comenzó a empujar. Pero la amiga mula no la pudo despertar.

Pasó un conejo y dijo: —Esta marrana no debe dormir aquí.

Entonces el conejo comenzó a saltar.
Pero el amigo conejo no la pudo despertar.

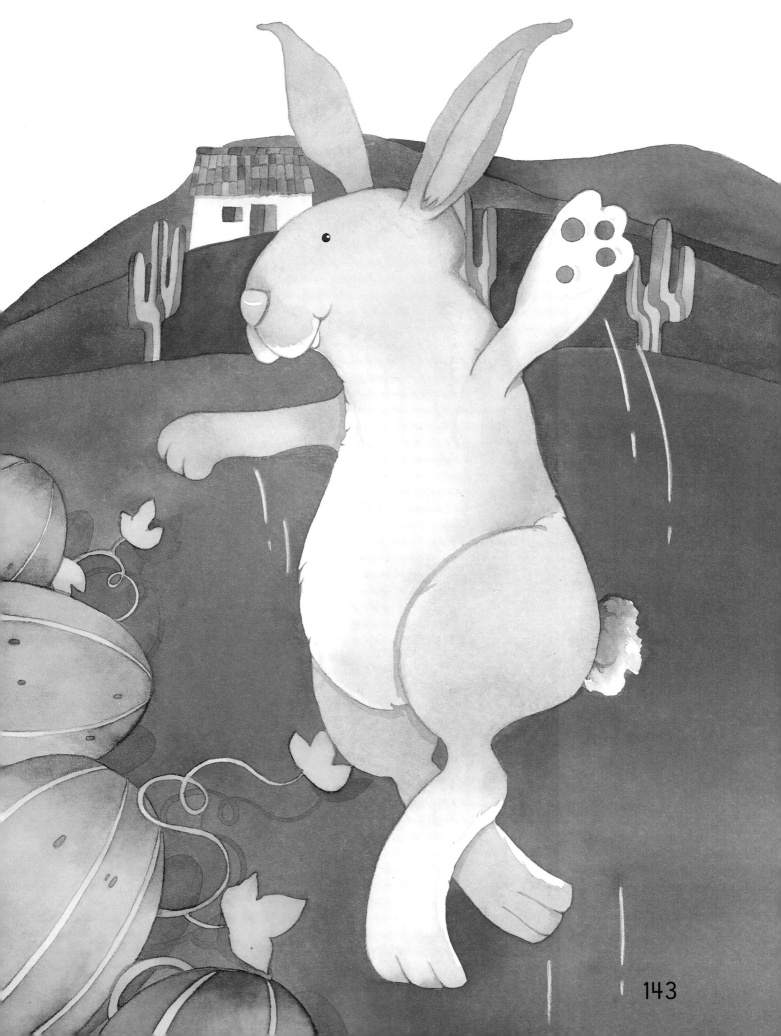

Pasó una serpiente y dijo: —Yo sí puedo despertar a esta marrana.

Entonces la serpiente comenzó a jalar.
Pero la amiga serpiente no la pudo despertar.

Pasó un grillo y le dijo a Celina: —Aunque soy pequeñito, querida amiga, estoy seguro de que yo puedo ayudar.

El grillo comenzó a cantar.
¡Chirrr-chirrr-chirrr! ¡Di-di-di-di!

149

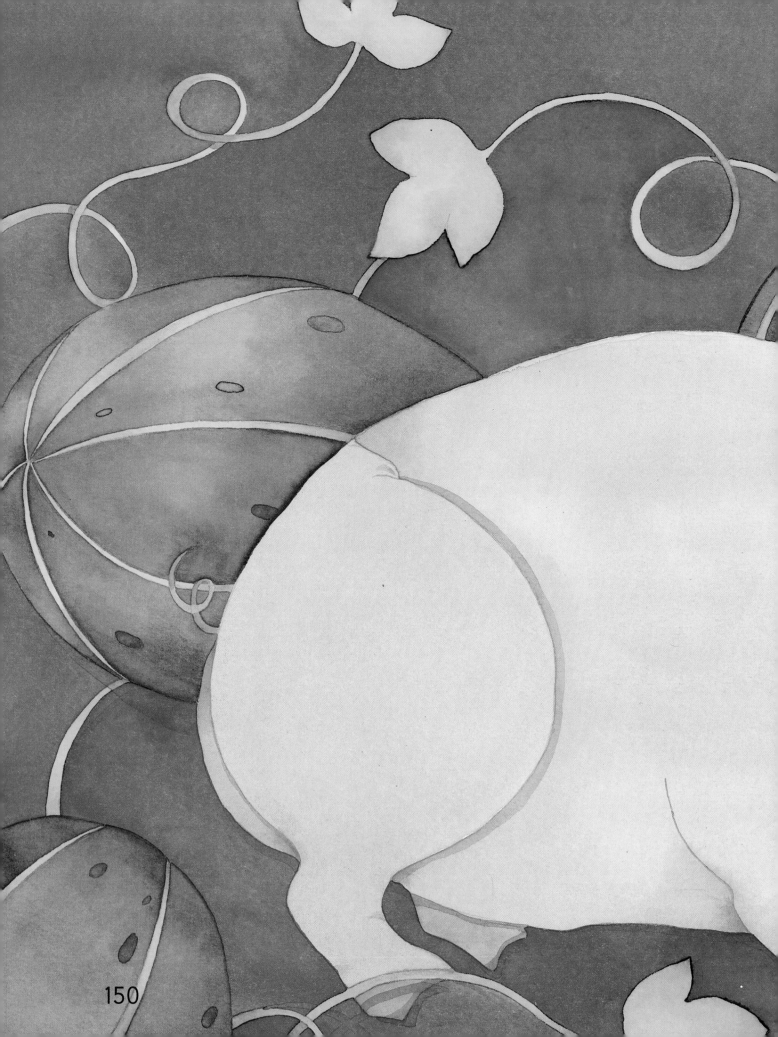

Doña Marrana se movió y con un gran bostezo se despertó.

Entonces dijo: —Buenas tardes. Ya me voy de esta huerta de sandías. La verdad es que aquí no se puede dormir.

Y al fin, Celina, muy agradecida, le regaló al grillo una sandía.

Conozcamos a la ilustradora
Rosario Valderrama

Rosario Valderrama nació en la Ciudad de México. Cuando dibuja, trata de recordar las cosas que le gustaban cuando era niña. Ella dice que los artistas jóvenes deberían tratar de mostrar sus propios mundos a otros.

Para saber más acerca de Rosario Valderrama, visita Education Place. **www.eduplace.com/kids**

La marrana dormida

escrito por Carmen Tafolla y Jan Epton Seale
ilustrado por Rosario Valderrama

Piensa en el cuento

1. ¿Cómo crees que se sintió Celina al ver a doña Marrana?

2. ¿Por qué fue el grillo el único que pudo despertar a doña Marrana?

3. ¿Qué harías si te encontraras con el mismo problema de Celina?

Internet

Títeres impresos

Visita Education Place para imprimir títeres del cuento. Luego, usa los títeres para volver a contar el cuento.

www.eduplace.com/kids

Lectura Recontar ideas centrales

Haz un premio

Prepara un premio para el héroe del cuento.

Escribe un título para el premio.

Explicar

Haz un letrero

¿Cómo despertarías a una marrana dormida? Haz un letrero y escribe una oración. Comparte el letrero con la clase.

Consejos

- **Piensa en ideas para lograr despertar a una marrana.**
- **Asegúrate de que el dibujo vaya bien con la oración.**

 • **Usar oraciones completas**

Destreza: Cómo leer un artículo de estudios sociales

- **Fíjate** en el título y las fotografías.

- **Piensa** en lo que sabes.

- **Predice** qué aprenderás.

- **Vuelve a leer** si no entiendes.

En voz alta

Estándares

Lectura
- **Hacer predicciones**

Estudios Sociales
- **Elementos y el medio ambiente**

¿Qué es un desierto?

Un desierto es un lugar muy seco en el que no llueve o llueve muy poco. Hay muchos desiertos en todo el mundo.

Los cactus son plantas que crecen en el desierto. Pueden almacenar agua por mucho tiempo. Algunos cactus son tan grandes como árboles.

Arizona, EE. UU.

Namibia, África

Agave floreado

Saguaro

Pitalillo

Entre los animales que viven en el desierto están las lagartijas, los pájaros y las serpientes.

También el escorpión tiene su hogar en el desierto.

Avestruz

Camaleón

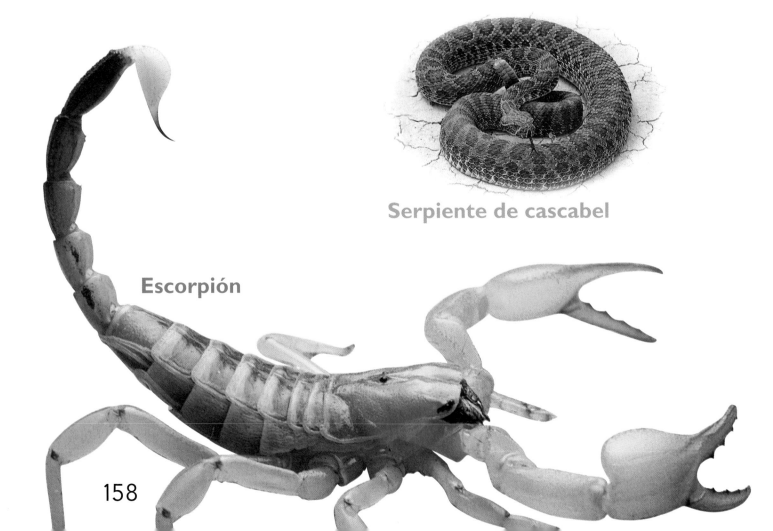

Serpiente de cascabel

Escorpión

Algunas personas viajan en camello a través del desierto. Los camellos pueden pasar días sin comida ni agua.

¿Te gustaría ver un desierto?

Descripción

Una descripción es una imagen en palabras que permite que el lector vea, oiga, pruebe, sienta y huela lo que está leyendo. Usa la composición de esta estudiante como modelo cuando escribas tu propia descripción.

> Un buen **comienzo** dice de qué trata la descripción.

> Una buena descripción incluye palabras **sensoriales**.

De pesca con mi papá

Tengo una caña de pescar larga con un anzuelo pequeño en la punta. La uso cuando voy de pesca con mi papá. La caña de pescar de mi papá es alta y amarilla, con un anzuelo grande en la punta.

160

Escritura Usar palabras descriptivas
Escribir descripciones breves

Él casi siempre pesca bagres grises enormes. Por lo general yo pesco pececitos de agua dulce.

Conozcamos a la autora

Megan S.

Grado: primero

Estado: Delaware

Pasatiempos: pescar, leer y escribir

Qué quiere ser cuando crezca: maestra

En voz alta

por Wong Herbert Yee

¡UY!
Hay un ratón en la casa

¡UY! Hay un ratón en la casa

Estándares

Lectura

- Combinar sonidos para leer palabras
- Leer palabras comunes
- Responder a preguntas sobre hechos concretos

Animales en la casa

En el próximo cuento, leerás sobre unos animales que desordenan la casa de una niña. ¿Cómo podrá deshacerse de ellos?

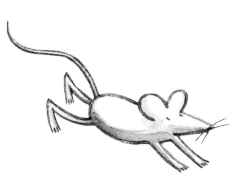

Palabras importantes

hay	habla
detrás	plato
buena	placer
idea	establo
nadie	arregla
fueron	

Oraciones de práctica

1. ¡Hay un ratón en la casa!
2. Buscar al gatito no fue buena idea.
3. El gatito anda detrás del pez.
4. El perro rompe un plato.
5. Ve y busca al caballo del establo.
6. El caballo no lo arregla.
7. Nadie más nos puede ayudar.
8. Fueron a buscar al elefante.
9. El elefante habla y dice:
   —¡Con todo placer!

por Wong Herbert Yee

¡UY!
Hay un ratón en la casa

En voz alta Al leer el cuento, hazte preguntas acerca de cada animal y lo que hace.

¡Oy!

Hay un ratón en la casa.

¡Busca al gatito
para ver lo que pasa!

¡No lo crea!
El gatito tumbó la lámpara.
¡Busca al perrito
para asustar al gatito!

¡No, no, no!

El perrito ha roto un plato,
y detrás del pez anda el gato.

¡Busca al cerdito
para asustar al perrito!

¡Por favor, no!

El cerdito, con todo placer,
comienza a comerse
un trozo de pastel.

Buscar al cerdito
no fue buena idea.

Busca a la vaca.
¿Pero qué esperas?

¡Ay, no!

Ahora la vaca
quiere cantar.

¿A quién más podemos
buscar?

¡Vete a buscar a la
oveja, y habla con ella
de todas las quejas!

¿Y ahora qué?

La oveja se enredó
con los hilos en el piso.

¡Busca a la gallina
y arregla lo que se hizo!

¡No, por favor!

La gallina está en la mesa,
poniendo huevos sobre
un plato.

¡Ve y busca al caballo
del establo!
¡Ve ahora de inmediato!

¡Ni hablar!

El caballo hizo
un agujero en la pared.

¡Busca al elefante
para ver qué puede hacer!

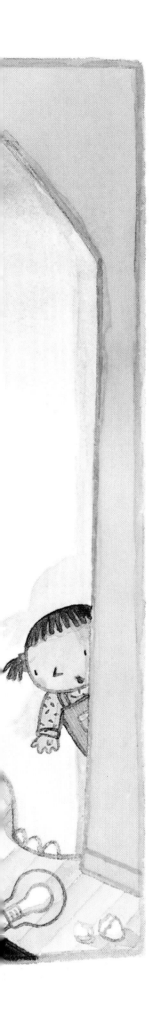

El elefante era GRANDE
pero por fin pudo entrar.

Cuando estaba en la casa,
nadie más pudo pasar.

Se fueron de la casa
el gato y la vaca.

Se fueron el caballito,
la gallina y el cerdito.

Se fueron la oveja
y el perro, sin dar queja.

Pero entonces, desde adentro,
un gran grito se escuchó:

—¡UY! Hay un ratón en la casa.

Representa el cuento

Representa el cuento con algunos
compañeros. Cada uno puede ser un
personaje diferente. Asegúrate de
representar las acciones de cada
personaje.

Informar

Haz una lista

Escoge a un animal del cuento.
Haz una lista de lo que tiene
que limpiar el animal.

El gato

1. Favor de recoger
   la lámpara.

```
Consejos

• Piensa en lo que tienen que
  limpiar los animales.
• Enumera cada cosa en tu
  lista.
```

Destreza: Cómo leer un pictograma

- Un pictograma es una tabla que usa imágenes para comparar cosas.

- Estos pictogramas comparan el tamaño de algunos animales con el tamaño de las personas.

En voz alta

Estándares

Escuchar y hablar

- **Escuchar con atención**

Matemáticas

- **Longitud y peso**

Animales grandes y pequeños

Hay animales de muchas formas y tamaños. Vamos a ver algunos de los animales más grandes y más pequeños del mundo.

La ballena azul

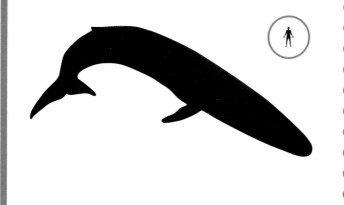

El animal más grande del mundo es la ballena azul. Puede llegar a medir 100 pies de largo. Esta longitud es mayor que la de diecisiete personas de seis pies acostadas a lo largo.

Las jirafas son los animales más altos del mundo. Algunas jirafas llegan a alcanzar los diecinueve pies. Esta altura es mayor que la de tres adultos parados uno encima del otro.

Ratón de campo

Algunos ratones de campo no alcanzan las tres pulgadas de largo. Eso es tan largo como el dedo de un adulto.

Colibrí abeja

El colibrí abeja de Cuba sólo mide dos pulgadas de largo. Eso es más pequeño que el pulgar de un adulto.

Desarrollar conceptos

En voz alta

por Joy Cowley
Ranita de ojos rojos
fotografías de Nic Bishop

Ranita de ojos rojos

Estándares

Lectura

- Combinar sonidos para leer palabras
- Leer palabras comunes

Ciencias

- Hábitats y alimentos de animales

Visita a la selva tropical

En el cuento que sigue, vas a leer acerca de un día en la vida de una ranita de ojos rojos.

Palabras importantes

mientras	tropical
pronto	hambre
mueve	culebra
luego	pobre

Oraciones de práctica

1. Llega la tarde en la selva tropical.

2. Mira, algo se mueve.

3. Es una pobre ranita que tiene hambre.

4. Mientras miramos a la ranita, una culebra se acerca.

5. Luego, la ranita salta lejos de la culebra.

6. Y pronto será de noche en la selva tropical.

por Joy Cowley

Ranita de ojos rojos

fotografías de Nic Bishop

Estrategia clave

En voz alta ¿Que crees que hará la ranita de ojos rojos? Lee el cuento para saberlo.

Llega la tarde en la selva tropical.

La guacamaya
y el tucán
pronto se irán a
dormir.

194

Pero la ranita de ojos rojos
ha dormido el día entero.

Al levantarse tiene
hambre.
¿Qué comerá?

Aquí hay una iguana.
Las ranas no comen iguanas.

¿Comen ranas las iguanas?
A la ranita de ojos rojos
no le interesa saberlo.
Salta a otra rama.

La ranita tiene hambre,
pero no comerá
a la hormiga.

Tampoco comerá al saltamontes.

¿Se comerá a la oruga?
¡No!

La oruga es venenosa.
¡Pobre ranita!

Algo se acerca a la ranita.
Algo que se mueve a lo largo de una rama.
Es una culebra. ¡Y la culebra
tiene hambre!

La culebra saca la lengua.
Siente el olor de la
ranita en el aire.
¡Cuidado, ranita!

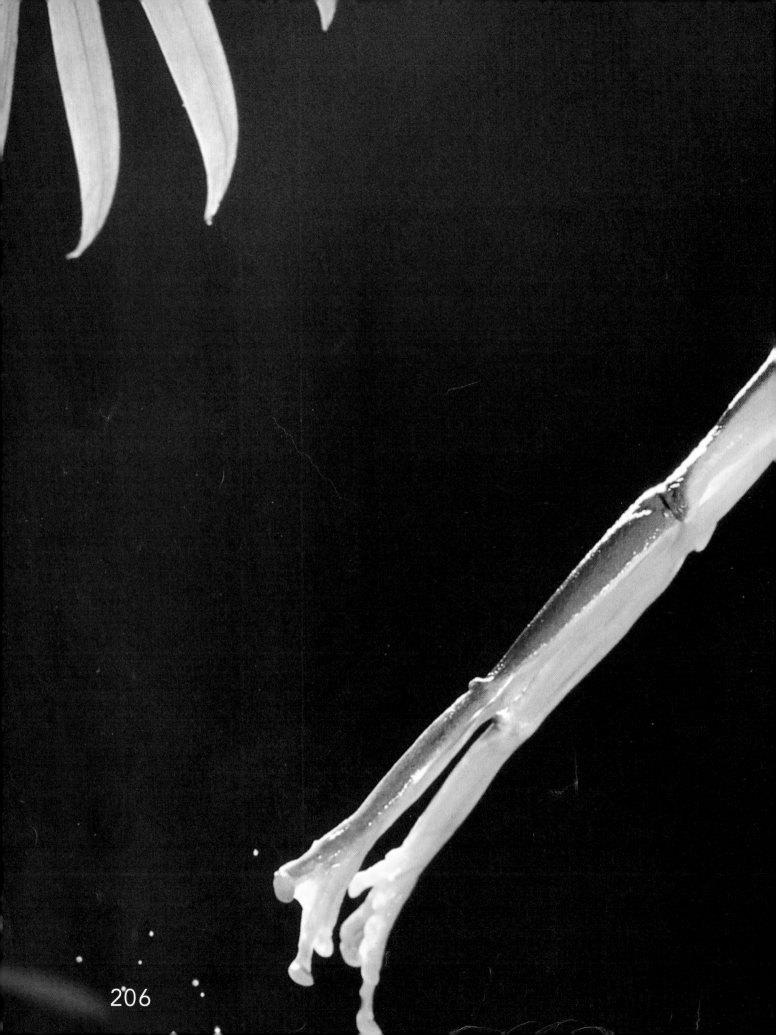

¡Salta!

La ranita aterriza en una hoja,
lejos de la culebra.
¿Qué ve la ranita
en la hoja?

¡Una polilla!

¡Ñam, ñam, ñam!

La ranita ya no tiene hambre.
Se sube a una hoja.

Luego, la ranita cierra sus ojos rojos…

y se queda dormida…

**mientras llega la mañana
a la selva tropical.**

Conozcamos a la autora y al fotógrafo

A **Joy Cowley** le fascinan los animales, especialmente las ranas. Como le gustaron tanto estas fotografías, decidió escribir un libro para acompañarlas.

Nic Bishop viajó a la selva tropical para tomar fotografías de varias ranitas de ojos rojos. Una de las ranitas se convirtió en mascota de la familia.

Internet

Para aprender más acerca de Joy Crowley y Nic Bishop, visita Education Place. **www.eduplace.com/kids**

por Joy Cowley
Ranita de ojos rojos
fotografías de Nic Bishop

Piensa en el cuento

1. ¿Crees que la selva tropical es un lugar silencioso o ruidoso? ¿Por qué?

2. ¿Qué crees que aprendió la ranita de ojos rojos sobre la vida en la selva tropical?

3. ¿Te gustaría ir a la selva tropical? ¿Por qué?

Internet

Excursión en Internet

Visita una selva tropical en Education Place.

www.eduplace.com/kids

Lectura   **Aplicar conocimientos previos**

Compara tamaños

Una ranita de ojos rojos es casi tan larga como esta regla. Busca objetos en tu salón que sean más o menos del mismo tamaño.

Crear

Escribe una adivinanza

Escribe una adivinanza sobre uno de los animales del cuento. Pide a un compañero que lea tu adivinanza y adivine el animal.

Consejos

- Observa una fotografía del animal.
- Usa palabras descriptivas.

¿Quién tiene una raya amarilla y muchas patas?

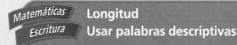

Matemáticas **Longitud**
Escritura **Usar palabras descriptivas**

En voz alta

Estándares

Lectura
- **Hacer predicciones**

Escuchar y hablar
- **Escuchar con atención**

La viborita

La viborita se va
corriendo a Vivoratá
para ver a su mamá.

La cabeza ya llegó
pero la colita no.

Terminó.

por María Elena Walsh

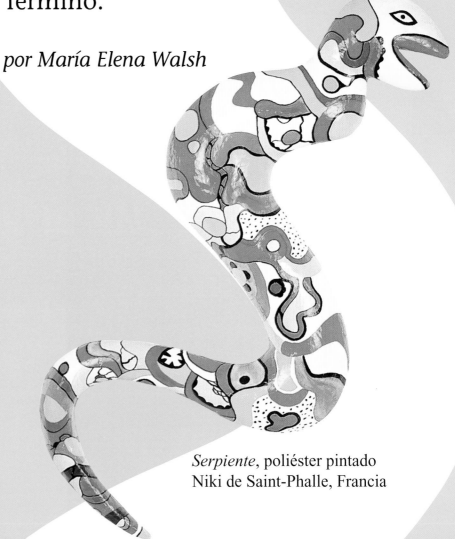

Serpiente, poliéster pintado
Niki de Saint-Phalle, Francia

EL COQUÍ

El coquí, el coquí, a mí me encanta.
Es tan suave el cantar del coquí.
Por las noches al ir a acostarme,
me adormece cantando así:
Coquí, coquí, coquí, qui, qui, qui.

canción tradicional de Puerto Rico

Coquí en cerámica, arte folklórico
Ángel Rodríguez, Puerto Rico

 Llenar el espacio en blanco

En algunas pruebas, tienes que escoger cuál es la mejor respuesta para llenar el espacio en blanco. ¿Cómo escoges la mejor respuesta? Fíjate en este ejemplo de *Ranita de ojos rojos*. Se muestra la respuesta correcta.

Consejos

- Lee las instrucciones con atención.

- Prueba cada una de las palabras en la oración. Hazte la siguiente pregunta: ¿Cuál es la mejor palabra?

- Rellena el círculo completo.

- Si es necesario, consulta el cuento.

Lee la oración. Rellena el círculo junto a la mejor respuesta.

1 La ranita de ojos rojos _____ durante el día.

- ● duerme
- ○ sube
- ○ come

Lectura **Usar contexto para comprender**

Fíjate ahora en cómo esta estudiante
escoge la mejor respuesta.

Primero, leo las instrucciones. Luego, leo la oración usando cada una de las respuestas.

Estoy buscando la palabra que indica lo que hace la rana todo el día. Al consultar el cuento, veo que la ranita de ojos rojos duerme el día entero.

Las últimas dos respuestas no hablan de la ranita durante el día. Ahora sé por qué la primera palabra es la que mejor completa la oración.

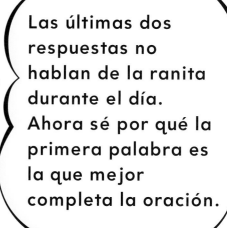

A

agradecida

Agradecida significa estar contenta por un favor. María está **agradecida** porque la ayudé con la tarea.

agujero

Un **agujero** es un hueco pequeño. La ardilla hizo un **agujero** en el árbol.

aire

El **aire** es lo que respiramos. En las montañas el **aire** es muy fresco.

aprender

Aprender es saber cosas de memoria. En la escuela podemos **aprender** a sumar.

áspero

Algo **áspero** no es liso ni suave cuando lo tocas. El camino de tierra era **áspero**.

asustar

Asustar es darle miedo a alguien. Los ruidos fuertes pueden **asustar** a los animales.

aterriza

Aterrizar es lo que hacen los aviones cuando bajan al suelo. El avión **aterriza** en el aeropuerto.

aullar

Aullar es hacer un ruido largo como un perro, lobo o coyote. Mi perro se pone a **aullar** cuando está solo.

C

cierra

Cerrar significa no abrir o tapar. Mamá **cierra** las ventanas cuando hace frío.

comienza

Comenzar significa empezar. La escuela **comienza** en septiembre.

complicado

Complicado es algo que no es fácil.
Es un problema muy **complicado**.

conejo

Un **conejo** es un animal con
orejas largas y pelo muy
suave. El **conejo** salta
muy rápido.

convencimos

Convencer significa hacer
que alguien haga algo.
Convencimos a mi mamá
de que nos llevara al cine.

coyote

El **coyote** es un animal que se
parece a un lobo pequeño. El
coyote no era más grande que
un perro.

crecer

Crecer significa hacerse más grande o alto. Las plantas necesitan agua y luz para **crecer**.

cuarto

Un **cuarto** es un lugar de una casa. Me gusta estudiar en mi **cuarto**.

cuidado

Tener **cuidado** significa hacer algo lentamente para que no pase nada malo. Debo cruzar la calle con mucho **cuidado**.

D

de inmediato

De inmediato significa en ese mismo momento. La directora quiere hablar con la maestra **de inmediato**.

decidió

Decidir significa pensar y hacer algo. Mi papá **decidió** quedarse en casa porque estaba enfermo.

E

elefante
El **elefante** es un
animal muy grande
con piel dura,
orejas grandes y una
trompa larga.
El **elefante** era el animal más grande del circo.

encontré
Encontrar significa buscar algo y verlo. Ayer
encontré mis zapatos azules debajo de la cama.

encuentro
Encuentro es una forma de decir **encontrar**.
Al llegar de la escuela siempre **encuentro** a mi
perrito jugando.

enredó
Enredar significa hacer un nudo con algo.
Se **enredó** mi cabello cuando me peinaba.

esconder

Esconder significa poner algo donde nadie lo puede ver. A mi perro le gusta **esconder** mis juguetes en su casita.

especial

Algo **especial** es importante o diferente. Mi cumpleaños es un día **especial** para mí.

Estados Unidos de América

Los **Estados Unidos de América** es el país en que vivimos. En los **Estados Unidos de América** vive gente de muchos países del mundo.

G

gigante

Gigante significa más grande de lo normal. El árbol de cien pies era **gigante**.

gran

Gran significa grande. Mi mamá preparó un **gran** pavo para la cena.

grillo

El **grillo** es un insecto pequeño que se parece a un saltamontes. Jamal vio a un **grillo** en el suelo.

grito

Un **grito** es un sonido que hace alguien cuando se asusta. Cuando vi a la araña, di un **grito** muy fuerte.

guacamaya

Una **guacamaya** es un pájaro grande con plumas brillantes. La **guacamaya** tiene un pico fuerte.

H

hormiga

Una **hormiga** es un insecto que vive en túneles debajo de la tierra. En el parque vi a una **hormiga** negra.

huerta

Una **huerta** es un lugar donde se siembran plantas y frutas para comer. En la **huerta** de mi casa hay tomates y lechuga.

I

iguana

Una **iguana** es un tipo de lagarto. Tina quería una **iguana** como mascota.

imagínate

Imaginar significa pensar en algo o crearlo con la mente. **Imagínate** un viaje al espacio.

L

lámpara

Una **lámpara** es algo que da luz. Cuando es de noche, prendo la **lámpara** para leer.

levantarse

Levantarse significa despertarse. Hay que **levantarse** temprano para ir a la escuela.

liso

Algo **liso** es suave y no tiene partes duras.
El hielo en la pista de patinaje era muy **liso**.

liviano

Algo que es **liviano** no pesa mucho. Mi carrito
de juguete es muy **liviano**.

llevárnoslo

Llevar significa tener algo y moverlo a otro sitio.
El juguete pesaba demasiado y no pudimos
llevárnoslo a casa.

llueve a cántaros

Cuando **llueve a cántaros**, caen muchas gotas
de lluvia. Lleva tu paraguas porque veo que
llueve a cántaros.

lujoso

Algo **lujoso** es más lindo o mejor de lo normal.
Tenía un traje muy **lujoso** en la fiesta.

M

magnífico

Algo **magnífico** es algo maravilloso. Ana dibujó
un arco iris **magnífico**.

marrana

Una **marrana** es un puerco hembra. Mis vecinos tienen una **marrana** en su granja.

mula

Una **mula** es un animal que se parece a un burro. En la granja de la montaña hay una **mula**.

N

nuestro

Nuestro significa que es de nosotros.
Ese carrito azul es **nuestro**.

nuevo

Nuevo significa recién hecho o poco usado.
Hoy me puse mi pantalón verde **nuevo**.

O

oruga

Una **oruga** es un insecto que se parece a un gusano. La **oruga** se va a convertir en una mariposa.

P

país
Un **país** es un lugar donde vive la gente y donde hay leyes. México es un **país**.

podremos
Poder significa tener fuerza para hacer algo. Si practicamos mucho, **podremos** ganar la carrera.

polilla
Una **polilla** es un insecto que se parece a una mariposa. Anoche vi a una **polilla** volando en el patio.

poniendo huevos
Poner huevos es lo que hacen ciertos animales para que nazcan sus bebés. La gallina está **poniendo huevos**.

primero
Primero es el que viene antes de todos los otros. Yo era el **primero** en la fila del cine.

propio
Propio significa que es de una persona. Puedes escribir tu **propio** cuento en la clase de lenguaje.

pudieras

Pudieras es una forma de decir poder. Tú **pudieras** jugar con nosotros si no tuvieras con quien jugar.

pueblo

Un **pueblo** es el lugar donde vive y trabaja la gente. Mi **pueblo** es más pequeño que una ciudad.

Q

qué pena

Qué pena es lo que dices si algo malo ocurre. ¡**Qué pena**! ¡Se rompió el juguete!

quejas

Quejas son cosas que la gente dice cuando está molesta. Basta con las **quejas**, tenemos que limpiar la casa.

R

ratón

Un **ratón** es un animal pequeño
con una cola larga, pelo corto
y dientes afilados. El **ratón**
come semillas.

realmente

Realmente significa que es de verdad. Estas
galletas parecían de canela pero **realmente**
son de chocolate.

S

saltamontes

Un **saltamontes** es un insecto
verde que se parece a un grillo.
El **saltamontes** hace ruido con sus alas.

sandía

La **sandía** es una fruta dulce
grande que es roja o rosada
por dentro. Me gusta la
sandía cuando está fría.

selva

La **selva** es un bosque muy grande donde hay muchos animales. Los sapos y las culebras viven en la **selva**.

sencillo

Sencillo significa simple. El animalito busca un lugar **sencillo** donde vivir.

serpiente

Una **serpiente** es un animal muy largo, que se arrastra y que a veces es venenoso. En el zoológico hay una **serpiente** larga.

T

Tierra

La **Tierra** es el planeta donde vivimos. La **Tierra** es redonda si la ves desde el espacio.

tratar

Tratar significa intentar hacer algo. Debes **tratar** de comer muy bien para crecer sano y fuerte.

trozo

Un **trozo** es un pedazo de algo. En mi cumpleaños siempre como un **trozo** de pastel.

tucán

El **tucán** es un pájaro de colores con un pico muy largo y grande. Ana vio un **tucán** volando en la selva.

V

venenosa

Una cosa que contiene veneno es **venenosa**. La serpiente cascabel es **venenosa**.

verías

Ver significa observar algo con los ojos o darse cuenta de algo. Si estuvieras debajo del agua, **verías** a los pececitos de colores.

Acknowledgments

For each of the selections listed below, grateful acknowledgment is made for permission to excerpt and/or reprint original or copyrighted material, as follows:

"*Casa*," by Clemencia Laborda from *Poesía Español para niños*, selected by Ana Pelegrin. Copyright © 1983 by Taurus Ediciones, S.A. Reprinted by permission of Santillana Ediciones Juveniles, Grupo Santillana.

El papalote, originally published as *The Kite*, by Alma Flor Ada, illustrated by Vivi Escrivá. Copyright © 1999 by Santillana USA Publishing Co., Inc. Translated and reprinted by permission of the publisher.

"*Historia de una hoja*," from *Versos vegetales*, by Antonio Rubio. Text copyright © 2001 by Antonio Rubio. Reprinted by permission of Grupo Anaya, S.A.

La mudanza, originally published as *Moving Day*, by Robert Kalan, illustrated by Yossi Abolafia. Text copyright © 1996 by Robert Kalan. Illustrations copyright © 1996 by Yossi Abolafia. Translated and reprinted by permission of HarperCollins Publishers.

"*La viborita*," from El reino del revés, by María Elena Walsh. Text copyright © 1977 by María Elena Walsh. Reprinted by permission of Grupo Santillana.

"*Mi loro verde y azul*," by Oscar Jara Azocar from Si ves un monte de espumas y otros poemas. Text copyright © 2000 by Oscar Jara Azocar. Reprinted by permission of Grupo Anaya, S.A.

Ranita de ojos rojos, originally published as *Red-Eyed Tree Frog*, by Joy Cowley, photographs by Nic Bishop, published by Scholastic Press, a division of Scholastic, Inc. Text copyright © 1999 by Joy Cowley. Photographs copyright © 1999 by Nic Bishop. Translated and reprinted by permission of Scholastic, Inc.

"*Sol matutino/Morning Sun*," from *Laughing Tomatoes and Other Spring Poems/Jitomates risueños y otros poemas de primavera*, by Francisco X. Alarcón. Copyright © 1997 by Francisco X. Alarcón. Reprinted with the permission of the publisher, Children's Book Press, San Francisco, CA.

¡UY! Hay un ratón en la casa, originally published as *EEK! There's a Mouse in the House*, by Wong Herbert Yee. Copyright © 1992 by Wong Herbert Yee. Translated and reprinted by permission of Houghton Mifflin Company. All rights reserved.

Yo en el mapa, originally published as *Me on the Map*, by Joan Sweeney, illustrated by Annette Cable. Text copyright © 1996 by Joan Sweeney. Illustrations copyright © 1996 by Annette Cable. Translated and published by arrangement with Random House Children's Books, a division of Random House, Inc., New York, New York, U.S.A. All rights reserved.

Special thanks to the following teachers whose students' compositions appear as Student Writing Models: Cheryl Claxton, Florida; Patricia Kopay, Delaware; Susana Llanes, Michigan; Joan Rubens, Delaware; Nancy Schulten, Kentucky; Linda Wallis, California

Photography

3 (t) © Joan Steiner. **7** Lance Nelson/Corbis Stock Market. **8** (t) © 2002 PhotoDisc, Inc.. **10** (t) CORBIS/David A. Northcott. **12** (bkgd) © 2002 PhotoDisc, Inc. (icon) © Joan Steiner. **12-13** © Joan Steiner. **43** (t) Courtesy William Morrow. **44** (l) © 2002 PhotoDisc, Inc.. (r) Artville. **46** (t) CORBIS/Stuart Westmorland. (b) J.H. (Pete) Carmichael. **47** (t) Dave King/Dorling Kindersley. (b) J.H. (Pete) Carmichael. **48** NHPA/Anthony Bannister. **49** CORBIS/Annie Griffiths Belt. **54** (t) John Zich/Mercury Pictures. (b) Courtesy Annette Cable. **82** (t) Chris Arend/Alaska Stock Images. (b) Rubberball Productions. **83** (t) Jian Chen/Stock Connection/PictureQuest. (b) Michael Dwyer/Stock Boston/PictureQuest. **84** (tl) Chris Arend/Alaska Stock Images. (tr) CORBIS/Galen Rowell. (bl) Garry Adams/IndexStock. (br) Rubberball Productions. **85** (tl) CORBIS/The Purcell Team. (tr) Jian Chen/Stock Connection/PictureQuest. (bl) Michael Dwyer/Stock Boston/PictureQuest. (br) Christopher Morris/Black Star/PictureQuest.